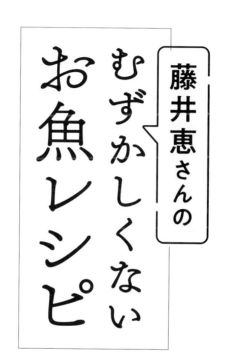

藤井恵さんの
むずかしくない
お魚レシピ

藤井 恵

講談社

火の通りも早く、サッと
作れるお魚料理。栄養豊富で
食後も重くならないから、
我が家の食卓にも
並ぶことが多くなりました。

　2〜3年前、あるお鮨屋さんで魚の扱いやさばき方などを習って以来、我が家でも魚を食べることが多くなりました。魚には人の体では作ることができない不飽和脂肪酸が豊富です。DHAやEPAなどもそのひとつ。日常的に摂ることで、脳機能を維持したり、血液をサラサラにしたり、免疫力を上げるなどの効果が期待されています。そんな体にいい食材である魚を、日常的にもっと食べていただきたいという思いから、お魚料理のレシピを考えました。

　魚は食べごたえがあるのに食後は重くならず軽やか。火の通りが早いので、調理時間が短くて済むという利点もあります。ごくごく身近な食材と調味料で、調理法もシンプルに。つけ合わせや副菜は、魚に不足している食物繊維やβ-カロテンなどのビタミン類を意識して使い、また、食感はあるけれど食べやすい切り方にするなど、工夫をしています。食べることと健康は密着しています。この本のお魚料理を繰り返し作っていただき、ご家族の定番料理になりますように。

かんたんつくりおき

この本の使い方

● 大さじ1＝15㎖、小さじ1＝5㎖、カップ1＝200㎖です。

● 電子レンジの加熱時間は600Wを基準にしています。500Wなら1.2倍、700Wなら0.8倍の時間にしてください。機種により加熱時間が多少異なるので、取り扱い説明書の指示に従い、加熱してください。

● 魚焼きグリルがない場合は、フライパンを使用してください。

● だし汁は昆布と削り節でとったものを使用しています。

● オリーブオイルはエクストラヴァージンオイルを使用しています。

いわしには
中性脂肪を低下させる
といわれるEPAや
DHAが豊富。細胞を若く
保つ抗酸化作用も

主菜 いわしの梅煮

梅干しを合わせることで疲労回復効果や、骨粗しょう症予防にも

材料 2人分

いわし（包丁でうろこを軽くこそげ取り、
　頭を落としてわたを除いたもの）2尾
しょうが　1かけ
青ねぎ　2本
A┌ 酒　大さじ2
　│ みりん　大さじ1
　│ しょうゆ　小さじ½
　│ 砂糖　大さじ½
　└ 水　カップ½
梅干し　1個

作り方

1 いわしは水洗いし、水分を拭き取る。しょうがは細切りにし、青ねぎは斜め細切りにする。

2 直径20cmほどのフライパンにAとしょうが、いわしを入れて中火にかける。煮立ったらあくを取り、梅干しを軽く崩して種ごと入れる。オーブンペーパーを適宜切り、中央に十字の切り目を入れて落としぶたにし、弱火で6～7分煮る。

3 落としぶたを取り、煮汁がほとんどなくなるまで中火で4～5分煮詰め、器に盛って青ねぎを添える。

 副菜 オクラの豆腐あえ

オクラはβ-カロテンが豊富。粘膜の健康を保ち、免疫力アップに役立ちます

材料 2人分

オクラ　8本
木綿豆腐　⅓丁(100g)
A┌ いり金ごま　小さじ2
　│ ごま油　小さじ1
　└ 塩　小さじ⅓

作り方

1 オクラは表面を塩でこすってうぶ毛を除く。2分程度塩ゆでし、粗熱が取れたら小口切りにする。

2 ボウルに水切りした豆腐を入れて手でずし、1とAを入れてあえる。

おいしく
仕上げる
アドバイス
｜ いわしは煮立った煮汁に入れると皮がはがれやすいため、調味料とともに水から入れて火にかけて。いわしに火が通ったら、煮汁を煮詰めていわしに手早く味をからめると、身がやわらかく仕上がります。長く煮すぎないのがコツ。

いわしの
ごま焼き

ごまのセサミンには強い抗酸化力が。いわしと合わせることでより効果がアップ

材料 2人分

いわし(包丁でうろこ軽くをこそげ取り、
　3枚おろし) 小4尾〜大3尾分
塩　小さじ½
酒　小さじ2
すり白ごま　大さじ4
A┌ 薄力粉　大さじ1
　└ 水　小さじ2
オリーブオイル　大さじ½
アスパラガス　4本
レモン　適量

作り方

1　いわしは塩をふって10分ほどおく。水け
　をしっかり拭き、酒をからめる。アスパ
　ラガスは下半分の皮をピーラーでむき、2
　〜3等分の長さに切る。

2　Aは混ぜていわしにからめる。ごまの半
　量をバットに散らし、いわしをのせ、表
　面に残りのごまをふって、軽く押さえて
　しっかりごまをまぶす。

3　フライパンにオリーブオイルを熱し、い
　わしの皮目を下にして入れる。アスパラ
　ガスも加え、中火で両面2〜3分ずつ焼く。
　器に盛り、レモンを添える。

おいしく
仕上げる
アドバイス ｜ いわしに水溶きの薄力粉をからめてからごまをまぶすことで、ごまがはがれにく
くなるうえ、いわしの水分も飛ばず、ふっくらとやわらかく仕上がります。

いわしの明太子焼き

福岡の名物料理。いわしと明太子のうまみの掛け合わせで、ご飯もお酒も進む

材料 2人分

いわし(包丁でうろこを軽くこそげ取り、
　頭を落とし腹側を切ってわたを取ったもの)
　小4尾〜大2尾
塩　小さじ½
酒　小さじ2
明太子(薄皮を除いたもの)　大さじ2
きゅうり　1本
塩　小さじ⅓
一味唐辛子　少々

作り方

1　いわしは塩をふって10分ほどおく。水け
　をしっかり拭き、酒をからめる。

2　きゅうりは薄切りにして塩をふり、しん
　なりしたら水けをぎゅっと絞る。

3　いわしの腹に明太子を均等に入れる。熱
　した魚焼きグリルに入れ、中火で7〜8分
　火が通るまで焼く。器に盛り、一味唐辛
　子をふった2を添える。

おいしく
仕上げる
アドバイス
| 明太子の塩けがいわしのうまみによく合います。使用する明太子は切れ子でも
OKです。いわしに添えた塩もみきゅうりも名脇役。

いわしの
なめろう

発酵食品であるみそ入り。腸内環境をよくして免疫力を高めてくれます

| 材料 | 2人分 |

いわし（3枚おろし）小4尾〜大2尾分
A ┌ 塩　小さじ1
　└ 水　カップ¾
酢　大さじ1
B ┌ 青ねぎ　4本
　│ しょうが　1かけ
　└ みそ　大さじ1
青じそ　6枚

| 作り方 |

1　いわしは腹骨があったら包丁でそぎ取る。
　　Aを混ぜていわしを浸し、10分ほどおい
　　たら水気をきって酢をからめ1分おく。
　　水気を拭いて頭から尾に向かって皮を引
　　いてはがす。
2　Bの青ねぎは小口切りにし、飾り用を少々
　　取り分ける。しょうがはみじん切りにす
　　る。
3　1を細かく切ってミンチ状にし、Bを加え
　　てさらに包丁で叩いて混ぜる。青じそを
　　敷いた器に盛り、残りの青ねぎをのせる。

おいしく
仕上げる
アドバイス｜いわしは塩をふって水気をきった後、酢洗いすると、生臭みが取れておいしさ
　　　　　　が増します。また、なるべくすばやく叩くことも臭みを出さないコツ。

まいたけに含まれるビタミンＤがいわしのカルシウムの吸収率を高めます

材料　2~3人分

いわし（3枚おろし）　小4尾~大2尾分
A ┌ しょうがのすりおろし
　　　　1かけ分
　├ 卵　½個分
　├ 小麦粉　大さじ2
　└ 塩　小さじ¼
B ┌ 昆布（5㎝×5㎝）　1枚
　├ 酒　大さじ2
　└ 水　カップ2+½
まいたけ　1パック
わけぎ　2本
しょうゆ　小さじ1
塩　小さじ⅓

作り方

1　いわしは腹骨があったら包丁でそぎ取り、包丁でたたく。ミンチ状にして粘りが出たらAを加えてよく混ぜる。

2　まいたけは食べやすい大きさにほぐし、わけぎは斜め薄切りにする。

3　鍋にBを入れて弱火にかけ、煮立ったら1をひと口大に丸めて加える。再び煮立ったら、あくを取ってまいたけを加え、弱火で4~5分煮る。しょうゆ、塩で調味し、器に盛り、わけぎをのせる。

おいしく
仕上げる
アドバイス ┃ いわしのEPAやDHAは皮の下に多く含まれているので、皮ごとたたいてつみれにすることで効率よく食べられます。さんまやさばにかえても、おいしい。

あじは
たんぱく質と脂肪の
バランスがよく、いわし同様
EPAやDHAが豊富。
高血圧予防にも肝機能強化も

主菜 # あじフライ　赤じそ風味

あじはタウリンやカリウムも豊富。コレステロールを抑えて血圧を下げる効果が

材料　2人分

あじ(フライ用背開き)　小4尾分
塩　少々
赤じそ粉「ゆかり」　小さじ½
A┌ 溶き卵　½個
　└ 小麦粉　大さじ1
小麦粉、パン粉、揚げ油
　各適量
レタス　2枚

作り方

1　あじは塩をふって10分ほどおき、水けを
　しっかり拭いて「ゆかり」をまぶす。Aは
　バットに入れて混ぜておく。

2　あじに小麦粉をまぶし、Aをムラなくか
　らめてパン粉をまぶす。

3　2を180℃に熱した揚げ油に入れ、きつ
　ね色に色づくまで2～3分揚げて油をき
　る。レタスをせん切りにして器に盛り、
　あじフライをのせる。

副菜 # モロヘイヤとわかめのサラダ

モロヘイヤはβ-カロテンやカルシウムの含有率が高い栄養豊富な野菜

材料　2人分

モロヘイヤ　1袋
わかめ(塩蔵)　30g
A┌ 紫玉ねぎの薄切り　¼個分
　└ 白ワインビネガー　大さじ1
B┌ オリーブオイル　大さじ1
　├ 塩　小さじ⅕
　└ こしょう　少々

作り方

1　モロヘイヤは葉を摘む。熱湯に入れてサ
　ッとゆでてざるに上げ、冷めたらざく切
　りにする。

2　わかめは水洗いしてたっぷりの水に5分
　つけて戻す。水けを絞ってひと口大に切
　る。

3　ボウルにAを入れて混ぜ、5分おく。Bを
　加えて調味し、1と2も加えて味をなじ
　ませる。

おいしく
仕上げる
アドバイス
｜あじの下味に「ゆかり」をまぶし、和風に仕上げたフライ。魚介類は短時間で
サクッと揚げるのがおいしさのコツなので、パン粉はドライタイプがおすすめで
す。あじにはない栄養素、β-カロテンと食物繊維を副菜で補ってバランスよく。

あじの梅あえ

元気がないときも、あじのたんぱく質と梅干しのクエン酸で疲労回復が期待できます

材料　2人分

あじ（3枚おろし）2尾分
A ┌ 塩　小さじ1
　 └ 水　カップ1
酢　大さじ1
B ┌ 梅肉（たたいたもの）　大さじ½
　 │ 練りわさび　小さじ½
　 │ しょうゆ　小さじ1
　 └ いり金ごま　小さじ1
きゅうり　1本
塩　小さじ⅓
みょうが　1個
青じそ　4枚
いり金ごま　適宜

作り方

1 あじは腹骨を包丁でそぎ取り、小骨があったら抜く。Aを混ぜてあじを浸し、10分ほどおいたら水気をきって酢をからめて1分おく。頭から尾に向かって皮を引いてはがし、5mm幅程度の斜め薄切りにする。

2 きゅうりは4〜5cm長さの短冊切りにし、塩をふってしんなりしたら、水けをぎゅっと絞る。みょうがは薄い輪切りにする。

3 ボウルにBを合わせて混ぜ、1ときゅうりを加えて混ぜる。青じそを敷いた器に盛り、みょうがをのせて好みでごまをふる。

おいしく
仕上げる
アドバイス | 臭み取りの塩は水に溶いて塩水にしてあじをつけると、全体に塩分が行き渡るので便利。その後、あじに酢をまぶすことで軽く身がしまってよりおいしく。

長ねぎ・にんにく・しょうがをたっぷりと。香味野菜が食欲をそそります

材料 2人分

あじ（3枚おろし）2尾分
塩　小さじ⅓
A┌ 長ねぎ　5cm
　│ しょうがのすりおろし、
　│ にんにくのすりおろし
　│ 　各1かけ分
　│ 酢、しょうゆ　各大さじ1
　│ 砂糖　小さじ½
　└ ごま油　小さじ1
レタス　4枚
小麦粉、揚げ油　各適量
こしょう　少々

作り方

1　あじは2〜3等分に切り、塩をふって10分ほどおき、水けはしっかり拭く。Aの長ねぎは粗みじんに切り、レタスは食べやすくちぎる。

2　フライパンに揚げ油を1cmほど注ぎ、180℃に熱する。あじに小麦粉を薄くまぶして入れ、表面がカリッとするまで2〜3分揚げ焼きする。

3　器にレタスを広げて2をのせ、よく混ぜたAをまわしかけ、こしょうをふる。

おいしく
仕上げる
アドバイス
あじに薄く小麦粉をまぶした軽やかなから揚げ。油を高温に熱して短時間で揚げると、外はサクッと、身はふわっとやわらかく仕上がります。

あじのソテー トマトガーリック ソース

トマトのリコピンは加熱すると吸収率がアップ。焼いたあじにもよく合います

材料　2人分

あじ（3枚おろし）2尾分
塩　小さじ½
こしょう　各少々
ミニトマト　15個
にんにく　1かけ
A┌ バルサミコ酢　大さじ2
　├ はちみつ　小さじ1
　├ 塩　小さじ¼
　└ こしょう　少々
小麦粉　適量
オリーブオイル　大さじ1+½
イタリアンパセリ　少々

作り方

1　あじは塩をふって10分ほどおき、水けをしっかり拭いてこしょうをふる。トマトは横半分に切り、にんにくはみじん切りにする。

2　フライパンにオリーブオイル大さじ½を熱し、あじに小麦粉を薄くまぶして入れ、強めの中火で1分半ずつ焼いて器に盛る。

3　フライパンをサッと拭いてオリーブオイル大さじ1を足し、にんにくを入れる。香りが立ったらトマトを炒め、少し煮崩れたらAを加えて2分ほど中火で煮立てる。2にかけ、イタリアンパセリを添える。

おいしく
仕上げる
アドバイス｜あじは強めの中火で手早く焼くことで、ふんわりやわらかな仕上がりに。ソースにははちみつを入れるとコクが出てとろみがついてからみがよくなります。

あじとパプリカの焼き浸し

ビタミンCやβ-カロテンが豊富なパプリカ。和風の煮浸しにしてもおいしい

材料 2人分

あじ（3枚おろし）2尾分
塩 小さじ⅓
パプリカ（赤）1個
ピーマン 3個
A だし汁 カップ1
酒、みりん 各大さじ2
しょうゆ 大さじ1
塩 小さじ½

作り方

1 あじは3〜4等分のそぎ切りにする。塩をふって10分ほどおき、水けをしっかり拭く。パプリカとピーマンは縦1.5cm幅に切る。

2 Aは鍋で煮立て、バットなどに入れておく。魚焼きグリルを熱し、パプリカとピーマンを3〜4分焼いてAに浸す。

3 あじも強めの中火の魚焼きグリルで5〜6分焼き、2に浸して10分以上おく。

おいしく
仕上げる
アドバイス あじも野菜も魚焼きグリルで焼き色がつくまで焼き、香ばしさを出して。冷める段階で味が入るので、焼いたら熱いうちにすぐ調味液につけるのもポイント。

さばにも
EPAやDHAが豊富。
カルシウムや鉄分も多く、
骨を丈夫にしたり
貧血予防にもお役立ち

さばのコチュジャン煮

ピリ辛の味つけで体もあたたまり、脂肪燃焼にも役立ちます

材料 2人分

さば（3枚おろし）½尾分
大根　5cm
長ねぎ　½本
A┌にんにくのすりおろし、
　│しょうがのすりおろし
　│　各小さじ1
　│コチュジャン、はちみつ
　│　各大さじ½
　└しょうゆ　大さじ1
青唐辛子（またはししとう）少々
水　カップ½

作り方

1 さばは4〜6等分に切り、大根は皮をむいて1cm幅の半月切りにする。長ねぎは斜め薄切りに。Aを混ぜてさばにからめておく。

2 フライパン（直径20cmくらい）に大根と水を入れて火にかけ、ふたをして中火で10分くらい煮る。

3 2に1のさばをたれごと入れ、ねぎものせてふたをして、途中で煮汁をかけながら10分くらい煮る。器に盛り、斜め切りにした青唐辛子をのせる。

 春菊のサラダ

春菊は粘膜の健康を維持するβ-カロテンや、ビタミンC、カルシウムなどが豊富

材料 2人分

春菊　150g
長ねぎ　½本
A┌いり金ごま　小さじ1
　│ごま油　小さじ2
　└塩　小さじ¼
韓国唐辛子粉（または一味唐辛子）適宜

作り方

1 春菊は冷水につけてパリッとさせ、水けをしっかりきって葉を摘む。茎は3〜4cm長さの斜め切りにする。長ねぎは縦半分に切ってから斜め薄切りに。

2 1をボウルに入れ、混ぜたAを加えてあえる。器に盛り、好みで唐辛子粉をふる。

おいしく
仕上げる
アドバイス

コチュジャンを使ったピリ辛の味つけ。下ゆでした大根の上にさばを置いて煮るのは、韓国風の調理法。大根にさばのうまみがしみるうえ、さばも煮崩れず、きれいに仕上がります。春菊のサラダも韓国風の味つけでテイストを合わせて。

食物繊維豊富なさつま芋と合わせて。さばはカレー粉を効かせて塩分控えめに

材料 2人分

さば（3枚おろし）½尾分
A ┌ しょうがのしぼり汁　大さじ½
　 │ トマトケチャップ、カレー粉
　 │ 　各小さじ1
　 └ しょうゆ、酒　各小さじ2
B ┌ 小麦粉　大さじ4
　 └ カレー粉　小さじ½
さつま芋　½本
すだち　適宜
揚げ油　適量
塩　適量

作り方

1 さばは1.5cm幅のそぎ切りにする。さつま芋は1cm幅の輪切りにして10分ほど水にさらす。Aを混ぜ合わせてさばにまぶし、10分おいて下味をつける。Bも合わせておく。

2 揚げ油を160℃に熱し、水けをしっかり拭いたさつま芋を入れて3〜4分、やわらかくなるまで素揚げする。

3 揚げ油を180℃にして、Bをムラなくまぶしたさばを入れ、2〜3分表面がカリッとするまで揚げる。焦げやすいので注意。器に盛り、さつま芋には塩をふる。好みで輪切りにしたすだちを添える。

おいしく
仕上げる｜カレー粉入りの衣をまぶして揚げることで、さばの臭みが気にならないうえ、
アドバイス｜スパイス効果で塩分控えめの味つけでも満足できるおいしさに。

焼きさばの
黒酢あんかけ

黒酢には血糖値上昇抑制や高血圧予防の働きが。まろやかな酸味がさばとも合う

| 材料 | 2人分 |

さば(3枚おろし) ½尾分
塩 小さじ⅓
A┌ 黒酢 大さじ2
 │ しょうがのしぼり汁 小さじ2
 │ しょうゆ 大さじ½
 │ 砂糖 大さじ1
 │ 片栗粉 小さじ1
 └ 水 大さじ2
れんこん ½節(75g)
長ねぎ(白い部分と青い部分) 各5cm分
ごま油 小さじ1

作り方

1 さばは長さを半分に切り、塩をふって10分ほどおき、水けをしっかり拭く。れんこんは1cm幅の半月切りにし、ごま油をまぶす。長ねぎは縦半分に切ってせん切りにする。

2 Aを小鍋に入れて中火にかけ、混ぜながらとろみがつくまで煮立てる。

3 魚焼きグリルを熱してさばとれんこんを入れ、強めの中火で7～8分、両面がこんがりするまで焼く。器にさばとれんこんを盛り、2のあんをかけて長ねぎをのせる。

おいしく
仕上げる
アドバイス

さばをこんがりと焼くのが臭みをなくすポイントです。脂ののったさばを黒酢のあんでさっぱりと。れんこんは油をまぶして焼くと、しっとり仕上がります。

船場汁

さばの栄養を無駄なく摂れる澄まし汁。昆布だしで上品なおいしさです

材料 2人分

さば（3枚おろし）½尾分
塩　小さじ1
A ┌ 昆布（5㎝×5㎝）　1枚
　├ 酒　大さじ2
　└ 水　カップ2+½
B ┌ しょうゆ　小さじ1
　└ 塩　小さじ⅓
しいたけ　2枚
大根　4㎝長さの半月分
ゆずの皮　適量

作り方

1　さばは4～6等分のそぎ切りにする。塩をふって20分ほどおき、ざるにのせてサッと熱湯をかける。大根は皮をむいて短冊切りにし、しいたけは石づきを取って縦半分に裂く。

2　鍋にAとさばを入れて中火にかける。煮立ったらあくを取って大根を加え、弱火で15分ほど煮る。

3　大根がやわらかくなったら、Bとしいたけを加えて2～3分煮る。器に盛り、ゆずの皮を添える。

おいしく
仕上げる
アドバイス | 船場汁とは、塩さばを使う大阪・船場が発祥の料理。このレシピは塩さばのかわりに、多めの塩をふってさばの水分と臭みを除き、うまみを引き出します。

さばの
そぼろ煮

根菜類たっぷり！　良質なたんぱく質と食物繊維が手軽に摂れるから常備菜にも

材料　2人分

さば(3枚おろし) ½尾分
ごぼう　⅓本
にんじん　⅓本
いんげん　5本
しょうがのすりおろし　1かけ分
A┌ しょうゆ、みりん
　│　　　各大さじ1+½
　│　砂糖　大さじ½
　└ 酒　大さじ2
ごま油　大さじ½

作り方

1　さばは皮目を下にして、スプーンで身を
　こそげ取る(骨と皮は除く)。
2　ごぼうとにんじんは5mm角に切り、いん
　げんは5mm幅に切る。
3　フライパンにごま油を熱し、2を入れて炒
　める。油がまわったらさばを加え、身を
　ほぐしながら炒る。白っぽくなったらA
　としょうがを入れ、汁けがなくなるまで
　さらに炒りつける。

おいしく
仕上げる
アドバイス
　さばは尾側を持ってスプーンで尾から頭に向かってかき出すと、簡単に身をこ
そげ取ることができます。冷蔵庫で3〜4日保存可能なので、常備菜としても。

ぶりの脂にも
EPAやDHAが豊富。
脳を活性化したり、
血液をサラサラにして
動脈硬化を防ぐ働きが

主菜 **ぶりのソテー オイスターソース**

ほうれんそうに豊富な鉄分は魚のたんぱく質と合わせることで血行や代謝改善に有効

材料 2人分

ぶり (切り身) 2切れ
塩 小さじ⅓
小麦粉 適量
ほうれんそう 200g
A [塩、サラダ油 各少々
B [長ねぎの粗みじん切り 10cm分
　　オイスターソース、酢
　　　各大さじ1
　　しょうゆ 小さじ1
　　ごま油 小さじ½
サラダ油 大さじ½

作り方

1 ぶりは塩をふって10分ほどおく。水けを
　しっかり拭き、小麦粉を全体に薄くまぶす。
　ほうれんそうは5～6cm長さに切る。

2 フライパンに湯を沸かしてAを加え、ほ
　うれんそうを入れて2～3分やわらかくな
　るまでゆで、水けをしっかりきる。Bは
　合わせておく。

3 フライパンをサッと拭いてサラダ油を足
　し、ぶりを中火で両面2分ずつ焼く。器
　にほうれんそうを広げ、ぶりをのせてB
　をかける。

副菜 **きゅうりとトマトときくらげのサラダ**

カルシウムやビタミンDが豊富なきくらげ。骨粗しょう症予防にも

材料 2人分

きゅうり 2本
ミニトマト 6個
きくらげ (乾燥) 10g
A [味つきザーサイ 40g
　　レモン汁 (または酢) 大さじ1
　　塩 小さじ¼
　　粗びき黒こしょう 少々

作り方

1 きゅうりは4～5cm長さに切り、麺棒な
　どで叩き割る。トマトは縦半分に切り、
　きくらげは水に入れて戻してもみ洗いし、
　さっとゆでて大きいものはひと口大にち
　ぎる。

2 Aのザーサイは粗みじんに切る。Aをボ
　ウルに入れて合わせ、1を加えてあえる。

おいしく
仕上げる
アドバイス

| ほうれんそうはやわらかくゆでることで、身がやわらかなぶりとのなじみがよく、また食べやすくもなります。副菜のきゅうりときくらげのサラダは、パリパリとした食感が、やわらかなぶりのおいしさを引き立てる名脇役です。

照り焼きをみそ風味で。ぶりのビタミンDでカルシウム吸収アップが期待できます

| 材料 | 2人分 |

ぶり(切り身) 2切れ
塩 小さじ⅕
A [みそ、酒 各大さじ1
　 みりん 大さじ½
いんげん 10本
サラダ油 大さじ½
塩 少々

| 作り方 |

1 ぶりは塩小さじ⅕をふって10分ほどおく。水けをしっかり拭く。いんげんは長さを2～3等分に切る。Aは合わせておく。

2 フライパンにサラダ油を熱し、ぶりといんげんを入れる。中火でぶりは両面2分ずつ、いんげんは上下を返して炒め、いんげんのみ塩少々をふって器に盛る。

3 2にAを加えて照りが出るまで煮からめ、器に盛る。

おいしく
仕上げる
アドバイス | ぶりはみそだれをからめる前に、こんがりと焼きつけるのがコツ。そうすることで焼きつけたぶりのうまみがたれに溶け込み、よりおいしさがアップします。

ぶりかつ

焼いたり煮たりする調理法が多いぶりをカラッと揚げてかつに。驚くおいしさです

材料 2人分

ぶり(切り身) 2切れ
塩 小さじ⅓
こしょう 少々
A┌ 溶き卵 1個分
 └ 小麦粉 大さじ3
パン粉、揚げ油 各適量
水菜 100g
いり金ごま、くし形切りレモン、
練りがらし、中濃ソース 各適宜

作り方

1 ぶりは1cm幅のそぎ切りにする。塩をふっ
  て10分ほどおき、水けをしっかり拭く。
  水菜は3cm長さに切る。

2 ぶりにこしょうをふり、混ぜたAをから
  めてパン粉をまぶす。フライパンに揚げ
  油を1cmほど注ぎ、180℃に熱してぶり
  を入れる。途中返しながら2分くらい揚げ、
  油をきる。

3 器に水菜をのせてごまをふり、ぶりも盛る。
  好みでレモンや練りがらしを添え、ソー
  スをかける。

おいしく
仕上げる
アドバイス

ぶりをふわっと仕上げるには、短時間で揚げるのがコツ。火の通りがよくなる
ようにそぎ切りにするのがポイントです。

ぶりかぶら

ビタミンCたっぷりのかぶの葉も添えて。しょうがが効いて体が温まるおいしさ

材料　2人分

ぶり（切り身）　2切れ
塩　小さじ½
かぶ　4個
かぶの葉　100g
A┌しょうがの細切り　1かけ分
　│しょうゆ、砂糖　各大さじ½
　│みりん　大さじ1
　│酒　大さじ2
　└塩　小さじ⅓
水　カップ¾
ゆずの皮のせん切り　適量

作り方

1　ぶりは長さを2〜3等分に切る。塩をふって10分ほどおき、水けをしっかり拭く。かぶは葉を落として皮をむき、2〜4つ割りにする。葉は3〜4cm長さに切る。

2　鍋にAを入れて火にかけ、煮立ったらぶりを入れる。ときどきぶりを返しながら、中火で6〜7分煮て、ぶりを取り出す。

3　2に水とかぶを加え、ふたをして10分煮る。ぶりを戻し、かぶの葉を加えて4〜5分煮る。器に盛り、ゆずを添える。

おいしく
仕上げる
アドバイス｜ぶりは長く煮ると身がかたくなるので、まず濃い目の調味料でサッと煮て取り出し、ぶりのうまみが溶けた煮汁でかぶを煮ると、かぶにもうまみがしみます。

DHAやEPAは、生食すると効率よく吸収可能。抗酸化効果もアップ

| 材料 | 2人分 |

ぶり（刺身用さく）150g
A┌ 紫玉ねぎ　¼個
　└ 白ワインビネガー　小さじ1
セロリ　½本
貝割れ菜　½パック
すだち　1個
オリーブオイル　大さじ1
塩　小さじ⅓
こしょう　少々

| 作り方 |

1　ぶりは薄切りにする。Aの紫玉ねぎはみ
　じん切りにし、白ワインビネガーをまぶす。
　セロリは5～6cm長さの細切りに、貝割れ
　菜は根元を落として長さを半分に切る。
2　ぶりを器に並べて塩、こしょうをふり、A
　を散らしてセロリと貝割れ菜をのせる。
　オリーブオイルをまわしかけ、半分に切
　ったすだちを添え、絞って食べる。

おいしく
仕上げる
アドバイス　｜　ぶりは身がやわらかく、切るときに身崩れしやすいので、よく研いだ包丁を使っ
　　　　　　　て、奥から手前にスッと引くようにするときれいに切れます。

かつおは
EPAやDHAのほか、
鉄分やビタミンDなどが豊富。
体力回復に役立つ
滋養強壮の栄養素の宝庫

かつおの塩たたき

レモンのビタミンCと一緒に摂ることでかつおの鉄分の吸収率が高まります

材料 2人分

かつお（刺身用さく）大½節（250g）
塩 小さじ1
A｜にんにくのみじん切り 少々
　｜紫玉ねぎ ½個
レモン汁 大さじ2
青ねぎ ½束
サラダ油 大さじ1

作り方

1 かつおは水けをしっかり拭いて塩をすり込む。Aの紫玉ねぎは薄切りにして水にさらし、水けをきる。青ねぎは小口切りにする。

2 フライパンにサラダ油を熱し、かつおを入れ、全面を強火で焼く。まな板に取り出し、7〜8mm厚さに切る。

3 かつおを器に並べ、Aをのせてレモン汁をかける。軽く叩いて味をなじませたら、青ねぎを散らす。

 小松菜と焼き油揚げ煮浸し

焼いた油揚げの香ばしいおいしさ。小松菜にも鉄分たっぷりです

材料 2人分

小松菜 200g
油揚げ ½枚
A｜だし汁 カップ½
　｜しょうゆ 小さじ1
　｜塩 小さじ¼

作り方

1 小松菜は根元を落として4〜5cm長さに切る。油揚げは5mm幅の3〜4cm長さに切る。

2 フライパンを中火で熱し、油揚げを入れてこんがりと焼く。Aと小松菜を加え、4〜5分煮たら火を止め、そのまま5分ほど冷まして味を含ませる。

おいしく
仕上げる
アドバイス ｜ かつおのさくは一面ずつ香ばしく焼きつけることで、おいしさが増します。玉ねぎや青ねぎのシャキシャキ感と、レモンの酸味がかつおの引き立て役。冷たい主菜とバランスを取って、副菜はやさしい味わいのあたたかな煮浸しに。

かつおとアボカドのサラダ

アボカドにも不飽和脂肪酸が豊富。にんにくチップが食欲をそそるサラダです

材料　2人分

かつお（刺身用さく）　大½節（250g）
アボカド　1個
クレソン　1束
紫玉ねぎ　¼個
トマト　1個
にんにく　1かけ
A 　粒マスタード　大さじ1
　　ナンプラー　大さじ½
　　レモン汁　大さじ1
　　塩、こしょう　各少々
オリーブオイル　大さじ1
サラダ油　小さじ1

作り方

1 アボカドは2cmの角切りに、クレソンは食べやすく切り、紫玉ねぎは薄切りにする。トマトはひと口大に切る。

2 にんにくを薄切りにし、オリーブオイルとともにフライパンに入れる。弱火で熱し、薄く色づいて香りが立ったらにんにくを取り出し、油はAに加えて混ぜる。

3 フライパンにサラダ油を熱し、かつおを入れて強火で全面を焼きつける。氷水にとって水けをしっかり拭き、1cm厚さに切る。1と合わせて器に盛り、Aをかけてにんにくを散らす。

おいしく
仕上げる
アドバイス

にんにくを焼いたオイルをドレッシングに使い、風味豊かに。かつおは表面を強火で焼きつけたほうが、ドレッシングとのからみもよくなります。

しょうがの風味を効かせた濃い煮汁でしっかり煮つけ。お弁当や常備菜にも

材料 2人分

かつお（刺身用さく） 大½節（250g）

A ┌ しょうがの細切り 1かけ分
 │ しょうゆ、酒 各大さじ2
 │ みりん、砂糖 各大さじ1
 └ 水 カップ½

作り方

1 かつおは2.5cmの角切りにする。熱湯に入れて、表面が白くなるまでサッと湯通しし、ざるに上げて水けをきる。

2 鍋にAを入れて煮立て、1を入れてときどき混ぜながら中火で15分ほど煮る。

おいしく
仕上げる
アドバイス

かつおは煮る前にサッと湯通しして臭みを取ります。しっかり煮つけているので煮しまりのある仕上がりに。ぶりやさばにかえてもおいしくできます。

さけの赤い色素成分は
抗酸化成分の
アスタキサンチン。老化予防や
脂肪を燃焼しやすい
体作りに役立ちます

主菜 さけとキャベツのごまみそ蒸し

さけのアスタキサンチン+ごまのセサミンで、体の酸化を強力に予防

材料 2人分

生ざけ(切り身) 2切れ
塩 小さじ⅓
キャベツ 4枚(200g)
もやし 1袋(200g)
A┌ すり白ごま 大さじ1
　│ にんにくのすりおろし
　│ 　小さじ½
　│ みそ 大さじ1+½
　└ みりん、酒 各大さじ½
バター 10g
水 大さじ2
七味唐辛子 少々

作り方

1 さけは塩をふって10分ほどおき、水けをしっかり拭く。キャベツは3cm角に切り、Aは混ぜておく。

2 耐熱皿にキャベツ、もやし、さけの順にのせ、Aをまわしかける。まわりから水を入れ、ふわっとラップをして電子レンジで10分加熱する。

3 2を器に盛り、バターをのせて、七味唐辛子をふる。

副菜 きのことわかめのゆず胡椒あえ

食物繊維豊富でローカロリーな副菜。ゆず胡椒の香りがアクセントに

材料 2人分

しめじ 1パック
わかめ(塩蔵) 30g
A┌ ゆず胡椒 小さじ½
　│ しょうゆ 小さじ½
　└ だし汁(または水) 大さじ3

作り方

1 しめじは根元を切って小房に分け、わかめは水洗いしてたっぷりの水に5分つけて戻し、食べやすく切る。

2 耐熱ボウルにしめじとAを入れてサッと混ぜ、ラップなしで電子レンジで2分加熱する。わかめを加えてあえる。

おいしく
仕上げる
アドバイス

主菜、副菜ともにレンジ加熱でできる手軽なおかず。さけとキャベツのごまみそ蒸しは、水を加えて蒸し加熱するから、さけがふっくら仕上がります。またキャベツともやしの上にさけをのせることで、さけのうまみが野菜にしみます。

酒かすには血行をよくする効果が。根菜の食物繊維もたっぷりな美容食

| 材料 | 2人分 |

生ざけ(切り身) 2切れ
塩 小さじ½
大根 3cm
にんじん ⅓本
ごぼう ¼本
しいたけ 3枚
わけぎ 1本
A[酒かす、みそ 各大さじ1+½
だし汁 カップ3

作り方

1 さけはひと口大に切り、塩をふって10分ほどおき、水けをしっかり拭く。大根とにんじんは3〜4mm厚さのいちょう切りにし、ごぼうは皮をこすり洗い斜め薄切りにする。しいたけは薄切りに、わけぎは小口切りにする。Aは混ぜ合わせておく。

2 鍋にだしと大根、にんじん、ごぼうを入れて火にかけ、煮立ったらさけとしいたけを入れて、弱火で10分煮る。

3 Aに煮汁を少し加えて溶き、2に戻し入れる。ひと煮したら器に盛り、わけぎをのせる。

おいしく
仕上げる
アドバイス
生ざけを使うことで塩分も控えめに。酒かすは煮汁で少しのばしてから入れると、溶けやすくなります。みそと酒かすは風味を生かすため、最後に加えます。

揚げさけの
おろしのっけ

大根おろしには消化酵素が豊富。消化吸収を助け、さけとの味の相性もグッド!

材料　2人分

生ざけ(切り身)　2切れ
塩　小さじ½
酒　小さじ1
まいたけ　1パック
A┌大根おろし(水けをきって)
　　　カップ1
　│青ねぎ　2本
　│ゆずのしぼり汁　大さじ1
　└しょうゆ　小さじ1
小麦粉、揚げ油　各適量

作り方

1　さけは長さを2〜3等分に切り、塩をふって10分ほどおき、水けをしっかり拭いて酒をまぶす。まいたけは食べやすくほぐし、青ねぎは小口切りにする。Aは混ぜておく。

2　フライパンに揚げ油を1cmほど度注ぎ、200℃に熱してまいたけを入れる。カラッとするまで揚げて、油をきる。

3　揚げ油を180℃に熱し、薄く小麦粉をまぶしたさけを入れて2〜3分揚げて油をきる。2とともに器に盛り、Aをかける。

おいしく
仕上げる┃さけには小麦粉を薄くまぶして香ばしく揚げます。つけ合わせのまいたけは、
アドバイス┃高温の油で揚げないとカラッと仕上がらないので温度に注意しましょう。

さんまは EPAやDHAのほか、カリウムや鉄分などのミネラルも豊富。貧血予防や認知機能の低下にもお役立ち

さんまのかば焼き

甘じょっぱい味つけでご飯が進む味。つけ合わせのししとうはβ-カロテン豊富

材料 2人分

さんま（3枚おろし）2尾分
塩　小さじ⅓
小麦粉　適量
ししとう　20本
塩　少々
A┌しょうゆ、酒　各大さじ1
　└砂糖、みりん　各大さじ½
ごま油　少々
サラダ油　大さじ½
粉山椒　少々

作り方

1 さんまは長さを2～3等分に切る。塩小さじ⅓をふって10分ほどおき、水けをしっかり拭く。ししとうはへたを取り、身に1本、包丁で切り目を入れる。Aは合わせておく。

2 フライパンにごま油を熱し、ししとうを焼く。しんなりしたら塩少々をふって器にのせる。

3 2にサラダ油を加え、小麦粉を薄くまぶしたさんまを身を下にして入れる。中火で両面3～4分ずつ焼いたら、フライパンを軽く拭き、Aを加えて煮からめる。ししとうをのせた器に盛り、粉山椒をふる。

 ## ブロッコリーとえのきだけのからしあえ

緑黄色野菜に、ローカロリーで食物繊維豊富なえのきを合わせてあっさりと

材料 2人分

ブロッコリー　½株
えのきだけ　1袋
A┌しょうゆ　小さじ2
　│練りがらし　小さじ½～1
　└だし汁　大さじ1

作り方

1 ブロッコリーは小房に分け、水につけて振り洗いする。えのきだけは根元を落として、長さを2～3等分に切ってほぐす。Aは合わせておく。

2 耐熱ボウルに1を入れ、ふんわりラップをして電子レンジで4分加熱する。取り出してそのまま1分おいて蒸らす。

3 2にAを加えてあえる。

おいしく
仕上げる
アドバイス

さんまは身が薄いため、そのまま焼くとかたくなりがち。小麦粉を薄くまぶすと、ふっくらとやわらかく仕上がるうえ、甘じょっぱいたれがよくからみます。だしじょうゆに練りがらしを効かせた、さっぱりとした副菜と好相性。

薬味を効かせた食欲をそそる味。長芋はミネラルや消化酵素を含んだ健康食材

材料 2人分

さんま　2尾
A┌　長ねぎ　5cm
　│　にんにく、しょうが　各1かけ
　│　いり白ごま　小さじ1
　│　一味唐辛子　少々
　│　しょうゆ　大さじ1+½
　│　砂糖　大さじ½
　└　ごま油　小さじ1
長芋　10cm

作り方

1　さんまは長さを半分に切り、身の表に5mm
　幅間隔で切り目を入れる。長ねぎ、にん
　にく、しょうがはみじん切りにする。長
　芋は6等分の輪切りにする。

2　さんまにAをからめて15分ほどおく。魚
　焼きグリルを熱し、長芋と汁けをきった
　さんまを入れ、両面4～5分ずつ焼く。

3　残ったAを長芋とさんまにかけ、さらに
　弱火で2～3分焼く。

おいしく
仕上げる
アドバイス

薬味が効いたたれにつけて焼くだけ。さんまは前の晩からたれにつけておいて
もいいでしょう。一味唐辛子が効いたピリッとパンチのあるおいしさです。

さんまの
クミン風味揚げ

クミンのリモネンには免疫力を高める効果が。レモンの酸味もさんまによく合います

材料 2人分

さんま　2尾
A┌ レモンのしぼり汁(または酢)
　│　　大さじ1
　│ にんにくのすりおろし
　│　　小さじ½
　│ クミンパウダー、
　│　粗びき黒こしょう、塩
　└　　各小さじ½
小麦粉、揚げ油　各適量
香菜　適量

作り方

1　さんまは頭を落としてわたを除き、水洗いをして長さを3等分に切る。Aをからめて10分ほどおく。

2　さんまの汁けを拭き、小麦粉をまぶす。フライパンに揚げ油を1cmほど注ぎ、175℃に熱してさんまを入れる。カリッとするまで4〜5分揚げて、油をきる。器に盛り、ざく切りにした香菜を添える。

おいしく
仕上げる
アドバイス | 脂ののったさんまに酸味を効かせてさっぱりと。クミンやにんにくはさんまの臭み消し効果も。調味料をお腹の中までしっかりまぶすとおいしく仕上がります。

さわらには
カリウムが豊富。
カリウムには体内の
余分な水分を排泄したり、
血圧を下げる働きがあります

主菜 さわらの木の芽焼き

つけ合わせのたけのこには食物繊維たっぷり。木の芽が香る春らしい主菜です

材料 2人分

さわら（切り身） 2切れ
木の芽 15枚
A「しょうゆ、酒 各大さじ1
ゆでたけのこ 小1本

作り方

1 木の芽は10枚分をみじん切りにしてAと混ぜ、さわらを入れてまぶし、30分ほどつけておく。たけのこは縦6等分に切る。

2 魚焼きグリルを熱し、さわらとたけのこをのせて、中火で10分ほど焼く。残ったつけ汁もかけて、さらに2〜3分焼く。器に盛り、さわらには残った木の芽をのせる。

副菜 菜の花とわかめの梅あえ

ほろ苦い菜の花と食物繊維たっぷりのわかめに、ほのかに梅干しの酸味

材料 2人分

菜の花（ほかの青菜でもよい）
　　小1束（150g）
塩 少々
わかめ（塩蔵） 20g
A「梅肉（粗く叩いたもの） 大さじ½
　しょうゆ、みりん 各小さじ½
　だし汁（または水） 大さじ2

作り方

1 わかめは水洗いしてたっぷりの水に5分つけて戻し、食べやすく切る。

2 鍋に湯を沸かして塩を入れ、煮立ったら菜の花を入れて1分ゆでる。ざるに上げて粗熱が取れたら長さを2〜3等分に切って水けをぎゅっと絞る。

3 ボウルにAを入れて混ぜ、1と2を加えてあえる。

おいしく
仕上げる
アドバイス | さわらの木の芽焼きには、木の芽の香りを際立たせるため、みりんが入っていないので、焦げにくくなっています。甘くしたい場合は、つけ汁にみりん小さじ1を加えても。木の芽にはβ-カロテンやビタミンCが含まれています。

さわらの沢煮

高たんぱくのさわらと緑黄色野菜、えのきの食物繊維でバランスよく

材料　2人分

さわら（切り身）　2切れ
塩　小さじ½
にんじん　小½本
えのきだけ　½袋
絹さや　6枚
みつば　10g
A ┌ しょうが　1かけ
　│ しょうゆ　小さじ1
　│ みりん　大さじ1
　│ だし汁　カップ1+½
　└ 塩　小さじ¼
B ┌ 片栗粉　小さじ2
　└ だし汁（または水）　小さじ4

作り方

1 さわらは塩をふって10分ほどおき、水け
　をしっかり拭く。にんじんは細切りに、
　えのきは長さを半分に切ってほぐし、絹
　さやは細切りにする。みつばは葉を摘んで、
　茎は3cm長さに切る。Aのしょうがは細
　切りにする。

2 直径20cmほどのフライパンにAを入れて
　煮立て、さわらを入れて中火で4～5分煮
　て取り出し、器に盛る。

3 2ににんじん、えのき、絹さや、みつば
　の茎を入れて2～3分煮て、直前に混ぜた
　Bを加えて煮立て、とろみをつける。2
　にかけ、みつばの葉をのせる。

おいしく
仕上げる
アドバイス
さわらを煮た煮汁で野菜を煮て、繊細な味に。さわらは煮すぎるとかたくなる
ので注意を。せん切り野菜をあんでまとめているので、食べやすさも◎。

さわらのワンタン揚げ

やわらかなさわらをワンタンの皮で包んでサクサクに。おつまみにも

材料　2人分

さわら（切り身）2切れ
塩　小さじ½
青じそ　10枚
ワンタンの皮　10枚
片栗粉、揚げ油　適量
レモンのいちょう切り　適宜

作り方

1　さわらは斜め5等分に切って棒状にし、塩をふって10分ほどおく。水けをしっかり拭き、片栗粉をまぶす。
2　ワンタンの皮の上に青じそとさわらをのせて巻き、ようじで留める。残りも同様にして巻く。
3　揚げ油を180℃に熱して2を入れる。2分ほど揚げ、ワンタンがカリッとして、こんがりと色づいたら取り出す。油をきって器に盛り、好みでレモンを添える。

おいしく
仕上げる
アドバイス | さわらは水けを拭き、片栗粉をまぶすのが、おいしく揚げるためのひと手間。揚げ油は高温すぎると皮のカリッと感が損なわれるので、180℃がおすすめ。

うなぎは、鼻やのど、肺などの粘膜の材料となり、ウイルスの侵入を防ぐビタミンAが多く含まれる滋養食材

（主菜） うなぎと豆腐の山椒炒め

うなぎと豆腐を合わせた高たんぱくなおかず。夏バテしたときに元気をチャージ

材料 2人分

うなぎのかば焼き　1串
木綿豆腐　1丁（300ｇ）
玉ねぎ　½個
にんにくのみじん切り　1かけ分
A┌ しょうゆ　小さじ1
　│ 砂糖　小さじ½
　│ 酒　大さじ½
　│ 粉山椒　小さじ⅓
　└ 塩　小さじ⅓
ごま油　小さじ1
サラダ油　大さじ½

作り方

1　うなぎは串を抜いてひと口大に切る。豆腐はペーパータオルに包んで重石（2kgくらい）をし、1時間ほどおいてしっかり水切りをする。縦半分に切り、1.5cm幅に切る。玉ねぎは5mm幅のくし形切りに。

2　フライパンにごま油を熱し、豆腐を入れて焼く。両面に焼き色がついたら取り出す。

3　2にサラダ油を足し、にんにくと玉ねぎを入れて炒め、玉ねぎがしんなりしたらうなぎを加えて炒め、2を戻し入れて混ぜたAを加え、炒め合わせる。

（副菜） パプリカのごまあえ

うなぎに不足しているビタミンCやβ-カロテンたっぷりの副菜でバランスを

材料 2人分

パプリカ（赤・黄）各½個
ピーマン　2個
A┌ すり白ごま　大さじ1
　│ しょうゆ、水　各大さじ½
　└ 砂糖　小さじ⅓

作り方

1　パプリカとピーマンは縦半分に切り、へたと種を取り、繊維を断ち切るように7～8mm幅に切る。

2　耐熱ボウルに1を入れ、ふわっとラップをして電子レンジで2分ほど加熱する。水けを拭いて、混ぜ合わせたAに加えてあえる。

おいしく
仕上げる｜うなぎと豆腐の山椒炒めは、にんにくと玉ねぎ、粉山椒の香りをプラスして、
アドバイス｜いつもとは違うかば焼きの味に。豆腐はしっかり水きりすることで扱いやすくなるうえ、うなぎと炒め合わせても崩れることなく、食べごたえのある食感に。

うなぎと ごぼうの卵とじ

うなぎとごぼうを合わせたまちがいのないおいしさ。ご飯にのせて丼にしても

| 材料 | 2人分 |

うなぎのかば焼き　1串
ごぼう　⅓本(50g)
卵　2個
みつば　10g
A [だし汁　カップ¾
　　しょうゆ、酒　各大さじ½
　　みりん　小さじ1]

| 作り方 |

1　うなぎは串を抜いて2cm幅に切る。ごぼうは皮をこすり洗い、ささがきにする。卵は溶きほぐし、みつばは葉を摘んで、茎は5mm幅に切る。

2　直径20cmほどのフライパンにAとごぼうを入れて火にかけ、煮立ったらうなぎを入れて弱火で10分ほど煮る。

3　2にみつばの茎を散らし、卵をまわし入れ、ふたをして中火で1分加熱したら、火を止めてそのまま1〜2分おいて蒸らす。卵が半熟になったら器に盛ってみつばの葉をのせる。

おいしく
仕上げる
アドバイス | ごぼうはやわらかく煮るとうなぎとよく合い、おいしくなります。うなぎを加えたら、あたためるくらいのつもりで弱火で加熱するとふんわり仕上がります。

やまと芋を皮ごとすって、皮に含まれている食物繊維を無駄なく摂ります

材料 2人分

うなぎのかば焼き　1串
やまと芋　150g
溶き卵　2個分
青ねぎ　½束
A┌ だし汁　カップ½
　└ 塩　少々
サラダ油　小さじ1
しょうゆ、青のり　各適量

作り方

1 うなぎは串を抜いて2cm幅に切る。やまと芋は皮付きのまますりおろし、青ねぎは小口切りにする。Aは合わせておく。

2 ボウルにやまと芋を入れ、Aを少しずつ加えて箸で泡立てるようにして混ぜる。卵も少しずつ加えて同様に混ぜる。

3 直径20cmほどのフライパンに油を熱し、2の半量を流し入れる。うなぎと青ねぎを加えて、残りのたねを入れ、ふたをして5分焼く。返して同様に焼く。しょうゆを塗って青のりをかける。

おいしく
仕上げる
アドバイス

高たんぱくのうなぎと、滋養強壮効果の高いやまと芋を卵でまとめた栄養価の高いおかず。やまと芋入りの卵液でうなぎを蒸し焼きにするつもりで。

まぐろは、
赤身にはたんぱく質が多く、
とろ部分には
不飽和脂肪酸である
オメガ3が豊富です

ぜいたくまぐろ納豆

まぐろに、納豆・オクラ・山芋のねばねば成分を合わせて疲労回復に役立ちます

材料 2人分

まぐろ(中とろ・刺身用さく) 100g
A ┌ しょうゆ 大さじ½
　└ 練りわさび 小さじ½
納豆 1パック
長芋 5cm
たくあん 3cm
オクラ 6本
焼きのり(全型) 2枚
練りわさび 少々

作り方

1 長芋は皮をむき、7～8mm角に切る。た
　くあんも同サイズに切る。オクラは熱湯
　で1～2分ゆで、へたを切って小口切りに
　する。まぐろも7～8mm角に切ってAと
　あえる。

2 器に1と納豆を盛り、8等分に切ったのり
　とわさびを添える。すべてをよく混ぜて、
　のりにのせて食べる。

 わかめときのこの汁もの

食物繊維豊富でローカロリーだから、ダイエットしたいときにもおすすめ

材料 2人分

わかめ(塩蔵) 10g
まいたけ 1パック
青ねぎ 2本
みそ 大さじ1+½
だし汁 カップ2

作り方

1 わかめは水洗いしてたっぷりの水に5分
　つけて戻し、食べやすく切る。まいたけ
　も食べやすくほぐす。青ねぎは小口切り
　にする。

2 鍋にだし汁とわかめを入れて火にかけ、
　煮立ったらまいたけを加える。弱火で1
　～2分煮てみそを溶き入れ、煮立つ直前
　に火を止める。器によそい、青ねぎを散
　らす。

おいしく
仕上げる
アドバイス │ ぜいたくまぐろ納豆は、まぐろに下味をつけているため、混ぜたときに味がぼけません。それぞれの食材の食感のハーモニーが楽しく、食べごたえがあります。わかめときのこの汁ものとともに、ローカロリーで満足感のある献立です。

汁に溶けた中とろのオメガ3。体にいい脂を無駄なくおいしくいただきます

【材料】 2人分

まぐろ (中とろ・刺身用さく) 150g
わけぎ 3本
しょうがのすりおろし 適量
A ┌ だし汁 カップ2
  │ しょうゆ 小さじ1
  │ 酒 大さじ2
  │ みりん 大さじ1
  └ 塩 小さじ½

【作り方】

1 まぐろは1cm幅の棒状に切り、わけぎは斜め切りにする。

2 Aを鍋に入れて火にかけ、煮立ったらまぐろを加える。再び煮立ったらわけぎを加えて30秒ほど煮る。器によそって、しょうがのすりおろしをのせる。

おいしく
仕上げる
アドバイス

ねぎま汁は脂がのっている中とろを使うと、ほろっと口の中で崩れるほどのやわらかさに。煮崩れないようにグラグラ煮立てず、サッと火を通すだけでOK。

安価な赤身もごちそうに。香味野菜や香辛料で洋風のおいしさに

| 材料 | 2人分 |

まぐろ（赤身・刺身用） 150g
A［ 紫玉ねぎ　¼個
　　レモン汁　大さじ1
B［ ケッパー　大さじ1
　　ディジョンマスタード
　　　（または練りがらし）小さじ2
　　ウスターソース　小さじ1
　　オリーブオイル　大さじ1
　　塩　小さじ¼
　　こしょう　少々
パセリのみじん切り　カップ⅓

作り方

1 まぐろは小さく切ってから包丁で叩き、
　5㎜角程度の粗みじんに切る。紫玉ねぎ
　もみじん切りにする。

2 ボウルにAを入れて5分ほどおく。

3 2にB、まぐろの順に加えてよく混ぜ、器
　に盛ってパセリを散らす。

おいしく
仕上げる
アドバイス | パセリをたっぷりのせて、β-カロテンをプラス。紫玉ねぎは先にレモン汁と合
わせることで辛味が抜け、レモンの香りが移ってさわやかな風味になります。

塩さばは塩漬けしたことで水分量が減って身がしまり、うまみが凝縮しています。調味は塩さばの塩分を生かして

塩さばのアクアパッツァ

マッシュルームやアスパラガスのうまみが溶けた煮汁も美味。パンにつけて

材料 2人分

塩さば　2切れ
こしょう　少々
マッシュルーム　1パック
アスパラガス　4本
ケッパー　大さじ1
にんにく　1かけ
白ワイン　大さじ3
オリーブオイル　大さじ1
塩、こしょう　各少々
水　カップ¾

作り方

1 塩さばはこしょうをふる。マッシュルームは縦半分に切り、アスパラガスは下半分の皮をピーラーでむき、2〜3等分の長さに切る。にんにくは叩いてつぶす。

2 フライパンにオリーブオイルを熱し、さばを皮を下にして入れる。こんがりと焼き色がついたら返す。

3 2ににんにくとマッシュルームを加えて炒め、香りが立ったらアスパラガス、ケッパー、ワインを入れる。煮立ったら水を加え、ふたをして5〜6分煮て、塩、こしょうで味を調える。

 トマトと豆腐のカプレーゼ風

チーズのかわりに豆腐を合わせたあっさりとした味

材料 2人分

トマト　1個
木綿豆腐　200g
A ┌ ドライバジル　小さじ½
　│ オリーブオイル　小さじ2
　│ 塩　小さじ¼
　└ 粗びき黒こしょう　少々

作り方

1 トマトは1cm幅の半月切りにし、豆腐は3cm四方、1cm厚さ程度に切る。

2 器に1を盛り、Aをふりかける。

おいしく
仕上げる
アドバイス

主菜には塩さばを、副菜には豆腐を使ったたんぱく質たっぷりの献立。アクアパッツァの塩さばは、こんがりと焼いて香ばしさと脂を引き出してから煮ることで煮汁がよりおいしくなります。アクアパッツァにトマトを入れても美味。

塩さばのマリネ

酢を合わせることで塩さばに含まれるカルシウムの吸収率がアップ

| 材料 | 2人分 |

塩さば　2切れ
こしょう　少々
小麦粉　少々
ピーマン(緑・赤)　各2個
A┌ 紫玉ねぎ　½個
　│ 白ワインビネガー　大さじ3
　└ はちみつ　大さじ½
サラダ油　適量

| 作り方 |

1　塩さばは長さを3～4等分に切ってこしょうをふる。ピーマンは縦半分に切ってから、繊維を断ち切るように細切りに、紫玉ねぎは薄切りにする。

2　Aを混ぜ合わせて5分おいておく。

3　フライパンに油を5mmほど注ぎ、さばに小麦粉を薄くまぶして入れ、両面がこんがりするまで焼く。2にピーマンとともに加え、10分以上つけて味を含ませる。

おいしく
仕上げる
アドバイス
｜さばに小麦粉を薄くまぶして揚げ焼きすることで、マリネ液のからみもよくなります。さっぱりとしたマリネ液が、塩さばの濃厚なうまみを引き立てます。

にらはβ-カロテンやカリウムなどを含む栄養野菜。生にらでパンチのある味に

材料 2人分

塩さば　2切れ
酒　小さじ2
しめじ　1パック
A┌ にら　½束
　│ すり白ごま　大さじ1
　│ ぽん酢しょうゆ　大さじ1
　└ ごま油　小さじ1

作り方

1　しめじは根元を切って小房に分け、にら
　は小口切りにする。Aは混ぜて10分以上
　おいて味をなじませる。
2　さばとしめじに酒をふり、熱した魚焼き
　グリルに入れて両面をこんがりと焼く。
　器に盛り、Aをのせる。

おいしく
仕上げる
アドバイス｜塩さばは焼く前に酒をふることで臭みが抜けます。生のにらは香りが強いの
で、混ぜてから10分以上おいて味をマイルドにしてからかけます。

あじの干物

は干すことでうまみ成分や栄養が凝縮され、おいしさや栄養価がアップ。たんぱく質は生より倍増

主菜 **あじの干物のごま焼き**

干物にすると増えるあじのカルシウム。さらにごまをまぶしてカルシウム強化

材料 2人分

あじの干物　2枚
みりん　小さじ1
いり金ごま　小さじ2
大根　10cm
青ねぎ　5本
すだち　1個

作り方

1　あじの干物の身側にみりんを塗ってごま
　　を散らす。
2　大根は皮付きのまますりおろし、水けを
　　きり、小口切りにした青ねぎと混ぜる。
　　すだちは横半分に切る。
3　魚焼きグリルを熱し、あじを身を上にし
　　て入れて両面がこんがりするまで焼く。
　　器に盛り、2を添える。

副菜 **いんげんのみそおかかあえ**

緑黄色野菜のいんげん。みそとかつお節を合わせてあえ、手軽に深い味に

材料 2人分

いんげん　150g
A┌かつお節　大さじ2
　│みそ　大さじ½
　└水　大さじ1

作り方

1　いんげんは長さを3〜4等分に切る。耐熱
　　皿に入れてふわっとラップをして、電子
　　レンジで3分加熱する。
2　1にAを加えてあえる。

おいしく
仕上げる
アドバイス
｜
あじはごまをまぶしてお手軽みりん干し風に。みりんを塗ることでうまみが増す
うえ、しっとりとした焼き上がりに。焦げやすいので火加減に注意を。青ねぎ
入りのたっぷりの大根おろしといんげんの副菜を合わせ、バランスよく。

薬味たっぷりで食欲がそそられます。あじは身をほぐしてあるので食べやすい

材料 2人分

あじの干物　小2枚
なす　3本
A┌ 青じそ　10枚
　│ みょうが　2本
　└ 青ねぎ　3本
ぽん酢しょうゆ　大さじ2
サラダ油

作り方

1　なすは縦半分に切り、皮目に5mm間隔で斜めの切り目を入れてひと口大に切る。青じそは細切りに、みょうがと青ねぎは小口切りにする。

2　魚焼きグリルを熱し、あじを入れて両面こんがりと焼き、皮と骨を除いて身をほぐす。

3　フライパンに油を1cmほど注いで180℃に熱し、なすを入れてこんがりするまで揚げて油をきる。器に盛ってあじをのせ、Aを散らしてぽん酢をかける。

おいしく
仕上げる
アドバイス
│ 焼いてほぐしたあじに揚げなすを合わせ、薬味たっぷりのぽん酢をかけるこの料理は、高知県の郷土食。なすは切り目を入れると火が入りやすくなります。

夏の定番！ あじとすりごまを合わせることで、抗酸化力がアップ

材料 2人分

あじの干物　小2枚
A ┌ すり白ごま　大さじ3
　└ みそ　大さじ1
B ┌ きゅうり　1本
　└ みょうが　1本
冷水　カップ1+½
氷　適宜

作り方

1　きゅうりとみょうがは薄い輪切りにする。
　魚焼きグリルを熱し、あじを入れて両面
　こんがりと焼き、皮と骨を除いて身をほ
　ぐす。

2　ボウルにAとあじを入れ、あじがフレー
　ク状になるまで木べらでよくすり混ぜる。
　水を少しずつ加え、Bを加えて氷を入れる。

3　器によそい、薄い輪切りにしたみょうが
　（分量外）をのせる。

おいしく
仕上げる
アドバイス │ あじは調味料を加えてすり混ぜると、水分ともなじみやすくなり、おいしくなり
ます。うまみを引き出すひと手間。ごまは栄養を吸収しやすいすりごまで。

さんまの干物も

干すことで、
水分が抜けてうまみが倍増。
調理は塩分に気をつけて

主菜 さんまのムニエル

ビネガーと生玉ねぎを合わせてソースに。血液サラサラ&免疫力強化

材料 2人分

さんまの干物 2枚
白ワイン 小さじ2
こしょう 少々
小麦粉 適量
A┌ 玉ねぎのすりおろし 大さじ2
 │ 白ワイン、白ワインビネガー
 │ 各大さじ2
 └ 水 大さじ1
バター 5g
サラダ油 大さじ1
ルッコラ 30g
パプリカ(赤) ½個

作り方

1 小鍋にAを入れて弱火で⅓量になるまで煮詰める。
2 さんまの干物は長さを半分に切り、白ワインとこしょうをふる。フライパンに油を熱し、さんまに小麦粉をまぶして入れ、中火で両面がこんがりするまで焼いて器に盛る。
3 1にバターを加えて煮立てる。さんまにかけ、食べやすく切ったルッコラとパプリカも添える。

副菜 わかめのかきたまスープ

わかめで手軽に食物繊維を補給。卵と玉ねぎを合わせたやさしいスープ

材料 2人分

わかめ(塩蔵) 20g
卵 1個
玉ねぎ ¼個
だし汁 カップ1+½
塩 小さじ¼
こしょう 少々
七味唐辛子 適宜

作り方

1 わかめは水洗いしてたっぷりの水に5分つけて戻し、食べやすく切る。玉ねぎは縦薄切りにし、卵は溶きほぐす。
2 鍋にだし汁と玉ねぎを入れて火にかけ、煮立ったら2〜3分煮る。わかめと塩、こしょうを加え、再び煮立ったら卵をまわし入れ、卵がふんわり浮かんできたら火を止める。器によそい、好みで七味唐辛子をふる。

おいしく
仕上げる
アドバイス | 脂がのったさんまの干物には、酸味を効かせた玉ねぎソースを合わせてさっぱりといただきます。やさしいおいしさのかきたまスープで、ホッとする献立に。ムニエルにはルッコラとパプリカをつけ合わせてビタミン補給を。

脂ののったさんまにしょうがやレモンのさわやかさをプラス

| 材料 | 2人分 |

さんまの干物　2枚
A ┌ レモン汁　大さじ1
　│ 青ねぎ　3本
　│ しょうが　1かけ
　│ 砂糖　小さじ½
　└ 塩　少々
貝割れ菜　1パック

| 作り方 |

1 青ねぎは小口切り、しょうがはみじん切りにする。Aは混ぜ合わせて10分ほどおき、味をなじませる。貝割れ菜は根元を落として長さを半分に切る。

2 魚焼きグリルを熱し、さんまを入れて両面こんがりと焼く。器に盛って貝割れ菜をのせ、Aをかける。

おいしく
仕上げる
アドバイス

さんまは脂が多い魚。レモンの酸味やしょうがのさわやかさがよく合います。香味だれは混ぜてから10分ほどおくと、酸味の角が取れてまろやかに。

焼きさんまときのこのホットサラダ

クレソンの苦みがさんまとよく合う大人のサラダ。バルサミコのこくもマッチ

材料 2人分

さんまの干物　2枚
エリンギ　2本
しいたけ　6枚
クレソン　1束
赤唐辛子　1本
A ┌ オリーブオイル　大さじ2
　└ にんにく　1かけ
B ┌ バルサミコ酢　大さじ2
　└ 塩、こしょう　各少々

作り方

1 魚焼きグリルを熱し、さんまを入れて両面こんがりと焼く。頭と骨を除いて食べやすく切る。エリンギは縦4〜6等分に裂き、しいたけは縦2〜3等分に裂く。クレソンはかたい茎部分はざく切りに。にんにくは叩いてつぶし、赤唐辛子は小口切りにする。

2 フライパンにAを入れて弱火にかけ、香りが立ったら赤唐辛子、エリンギ、しいたけを入れて強火でこんがりと焼く。

3 2にBを加えてひと炒めしたら火を止める。さんま、クレソンの茎を加えてあえ、器に盛り、残りのクレソンをのせる。

おいしく
仕上げる
アドバイス | さんまは魚焼きグリルで、きのこはガーリックオイルで香ばしく焼いてから合わせることで、風味豊かなおいしさになります。

毎日の料理をラクにする！

かんたんつくりおき

毎日ちょこちょこ食べられる魚のつくりおきと、
お魚料理と好相性の副菜のつくりおき。

{ 魚編 }

保存期間
冷蔵庫で
4〜5日間

さば缶フレーク

さば缶を使ってお手軽に。
しょうゆベースの甘じょっぱい味。
カレー粉を加えてさばの臭みをカバー

材料 | 作りやすい分量

さば水煮缶　2缶（1缶190g）
A ┌ しょうがのすりおろし
　 │　　1かけ分
　 │ カレー粉　小さじ1
　 │ しょうゆ　大さじ2
　 └ 砂糖、みりん　各大さじ1

作り方

1 フライパンにさば缶を汁ごと入れて火に
　かける。Aを加えて混ぜ、さばの身を木
　べらでつぶしながら、汁けがなくなるま
　で焦げないように炒りつけ、フレーク状
　にする。

--- ポイント ---

缶汁には、さばのうまみや不飽和脂肪
酸、そのほかの栄養成分などが含まれ
ています。無駄なく摂るために汁ごと
入れて、炒りつけましょう。ご飯にふ
りかけたり、卵焼きに入れたり、お弁
当作りにも重宝します。

さけフレーク

生のさけを酒蒸しにするから、しっとりやわらかく仕上がります。応用がきくように味つけは塩で。

保存期間
冷蔵庫で
3〜4日間

| 材料 | 作りやすい分量 |

生ざけ（切り身）4切れ
塩　大さじ½
A [酒　大さじ2
　　水　カップ½

| 作り方 |

1 さけは塩をふって10分ほどおき、水けをしっかり拭く。

2 鍋にAとさけを入れて中火にかけ、煮立ったらふたをして、ときどき返しながら5〜6分蒸し煮にする。

3 粗熱が取れたら汁けを拭いて、骨と皮を取り除き、粗くほぐしてフレーク状にする。

― ポイント ―

さけは塩をふって水分を拭き取り、臭みを取ってから調理しましょう。5〜6分蒸して火が通ればOKです。ゆでたじゃが芋と合わせてポテトサラダにしたり、サラダのトッピングにしたり、卵と混ぜて卵焼きにしても。

さんまの
オイル煮

3枚におろしたさんまに
塩を効かせ、にんにく入りのオイルで加熱。
しっとりやわらか

材料 作りやすい分量

さんま(3枚おろし) 3尾分(250g)
塩 小さじ1
A［にんにく 1かけ
　 ローリエ 1枚
　 粗びき黒こしょう 小さじ½
　 オリーブオイル カップ¾

ポイント

さんまの身には多めの塩をふって1時間ほどおき、塩分をしみ込ませてからオイル煮にします。そのまま食べたり、身をほぐしてパスタやサンドイッチの具にしたり、また軽く焼き直しても香ばしくておいしくなります。

作り方

1 さんまは長さを半分に切り、両面に塩をふって1時間ほどおき、水けをしっかり拭く。にんにくは薄切りにする。

2 フライパンにAを入れてさんまを浸す。弱火にかけ、ふつふつと泡が出てきたらごく弱火にして2分ほど煮て、そのまま冷ます。

いわしの酢煮

さっぱりと。身がしまって美味
いわしをしょうが入りの酢で煮て
ぶつ切りにして内臓を取った

材料 作りやすい分量

いわし　6尾
A┌ しょうが　1かけ
　│ 酢　カップ½
　│ 塩　小さじ⅓
　└ 水　カップ1

ポイント

濃厚な味のいわしにしょうがと酢を効かせた常備菜。細切りにしたしょうがも具として食べられます。塩分は控えめ。衣をつけてフライにしたり、大根おろしと合わせてしょうゆをかけて食べるのもおすすめです。

作り方

1　いわしは包丁でうろこをこそげ取り、頭と尾を切り落とし、長さを2〜3等分に切ってわたを取って水洗いする。水けは拭き取る。しょうがは細切りにする。

2　いわしがぴったり入る程度の鍋にいわしを並べ、Aを加えて強火にかける。煮立ったらあくを取り除き、弱火にして紙で落しぶたをして1時間ほど煮る。

69

青菜の塩ゆで

手軽に緑黄色野菜が摂れるよう
数種類を塩ゆでにしてキープ。
単独でも合わせて使っても

材料 作りやすい分量

ブロッコリー　1株
小松菜　1束
いんげん　200g
A [塩　大さじ1
　　水　カップ4]

ポイント

ひとつの鍋に順に入れて塩ゆでするだけのミックス青菜。あえごろもを作ってあえたり、だしと合わせてお浸しにしたり、汁ものに入れたり。不足しがちな青菜を補えます。あえごろもに水少々を加えることでなじみがよくなります

作り方

1 ブロッコリーは小房に切り、茎は皮をむいて1cm幅の輪切りにする。いんげんはへたを取り除く。

2 鍋にAを入れて火にかけ、煮立ったらブロッコリー（2～2分半）、いんげん、小松菜（各2～3分）の順にゆでて、それぞれざるに上げて冷ます。

3 小松菜といんげんはそれぞれ食べやすい長さに切り、ブロッコリーとともに保存容器に入れる。

調味料と
あえるだけ。
栄養バランスのよい
副菜に

ブロッコリーのごまみそあえ

材料 2人分

塩ゆでブロッコリー　200g
A「すり白ごま　大さじ2
　　みそ　小さじ1
　　水　大さじ1

作り方

1　ボウルにAを入れ、塩ゆでブ
　　ロッコリーを加えてあえる。

小松菜のおひたし

材料 2人分

塩ゆで小松菜　200g
A「梅肉(軽く叩いたもの)　小さじ1
　　しょうゆ　小さじ1
　　だし汁　大さじ5

作り方

1　ボウルにAを入れ、塩ゆで小
　　松菜を加えて浸す。

だし汁にしょうゆと
梅肉を加えて
さっぱりと。
ほかの青菜でも

わかめのだし浸し

しょうが入りのだし汁に
わかめを浸して。だしのうまみで
塩分控えめでもおいしい

| 材料 | 作りやすい分量 |

わかめ（塩蔵）　100g
しょうがのすりおろし　1かけ分
A ┌ だし汁　カップ2
　 │ しょうゆ　小さじ1
　 └ 塩　小さじ½

ポイント

塩蔵わかめはよく水洗いして、塩を抜くのがポイントです。だしとしょうががほんのり効いたわかめは、そのままでも食べやすいし、みそ汁の具にしたり、サラダに入れたり、納豆に合わせるなど、応用範囲が広いのが魅力。

作り方

1　わかめは水洗いしてたっぷりの水に5分つけて戻し、熱湯でサッとゆでる。水にとって冷まし、水けをきって食べやすく切る。

2　Aを鍋に入れて火にかけ、ひと煮たちさせて冷ます。しょうがとわかめを加えて浸しておく。

わかめ納豆

腸内環境にも
グッド。
そのままおつまみでも、
ご飯にかけても

| 材料 | 2人分 |

わかめのだし浸し　100g
納豆　2パック（1パック80g）
青ねぎ　1本
だし浸しつけ汁　大さじ1

作り方

1　器に納豆とわかめのだし浸し
を入れ、小口切りにした青ね
ぎを散らし、納豆のたれをか
ける。

しらすわかめ

| 材料 | 2人分 |

わかめのだし浸し　100g
しらす　40g
大根　5cm

作り方

1　大根は皮をむいてすりおろし、
水けをきる。
2　器にわかめのだし浸しと大根
おろしを盛りつけ、しらすを
のせる。

しらすの塩味と
わかめの味で
味つけいらずの
お手軽副菜

塩ゆで大豆

女性は毎日摂るのが有効な、イソフラボン補給に。塩ゆでにすると大豆は甘みが増して美味

保存期間
冷蔵庫で
4〜5日間

材料 作りやすい分量

大豆（乾燥豆）　300g
A┌ 塩　20g
　└ 水　カップ5

作り方

1　大豆は水洗いして4倍以上の水に6〜8時間つけて戻す。

2　鍋にAと水けをきった大豆を入れ、強火にかける。煮立ったらあくを取り、ふたをして弱火で40〜50分ゆでて冷ます。保存するときはゆで汁ごと入れる。

ポイント

大豆はイソフラボンのほか、たんぱく質や食物繊維も豊富な優秀食材。塩ゆで大豆は冷蔵保存すると、しまってややかたくなるので、少しやわらかめにゆでておくのがおすすめです。乾燥しないようにゆで汁も一緒に保存を。

大豆といんげんのからしあえ

青菜の塩ゆでの
いんげんと合わせて
からしじょうゆで。
大豆の甘みが引き立つ

材料 2人分

塩ゆで大豆 100g
青菜の塩ゆでのいんげん 100g
A┌ 練りがらし、
　│ しょうゆ 各小さじ1
　└ 水 大さじ1

作り方

1 ボウルにAを入れ、塩ゆで大
　豆と塩ゆでいんげんを加えて
　あえる。

大豆とトマトのサラダ

塩ゆで大豆の
洋風アレンジ。
大豆に合わせてトマトも
食べやすく切って

材料 2人分

塩ゆで大豆 100g
トマト 1個
パセリのみじん切り 大さじ2
A┌ 玉ねぎのすりおろし 小さじ1
　│ 白ワインビネガー、
　│ 　オリーブオイル 各大さじ1
　└ 塩、こしょう 各少々

作り方

1 トマトは1cmの角切りにする。
2 ボウルにAを入れ、塩ゆで大豆、
　トマト、パセリを加えてあえ
　る。

保存期間
冷蔵庫で
3〜4日間

オイル蒸しにんじん

にんじんのβ－カロテンは
油と一緒に摂ることで吸収率がアップ。
レンチン加熱でお手軽に

材料　作りやすい分量

にんじん　3本
A　塩　小さじ⅓
　　オリーブオイル　大さじ2

ポイント

塩とオリーブオイルのシンプルな味つけだから使い勝手も抜群。さまざまな料理に加えるだけで、栄養価が上がり、彩りもよくなります。にんじんのシャキシャキ感は火入れがむずかしいのですが、レンチン加熱なら簡単です。

作り方

1　にんじんはスライサーなどで4〜5cm長さの細切りにする。
2　耐熱ボウルに1とAを入れ、よく混ぜる。ふわっとラップをして電子レンジで4分ほど加熱して、そのまま冷ます。

にんじんのラペ

玉ねぎのすりおろしと
粒マスタードで、
お店みたいな味に。
サラダに加えても

材料	2人分

オイル蒸しにんじん　150g
A┌玉ねぎのすりおろし　小さじ1
　│粒マスタード　小さじ½
　└白ワインビネガー　大さじ1

材料　作り方

1　ボウルにAを入れ、オイル蒸しにんじんを加えてあえる。

にんじんの白あえ

材料	2人分

オイル蒸しにんじん　100g
木綿豆腐　100g
A┌練り白ごま　大さじ1
　│しょうゆ　小さじ½
　└砂糖　小さじ⅓

作り方

1　すり鉢に豆腐とAを加えてすり混ぜて、オイル蒸しにんじんを加えてあえる。

練り白ごまの
こくが効いた
うまみの深い白あえ。
彩りもきれい

酒蒸しきのこ

食物繊維豊富でローカロリーなきのこ。
生では傷みやすいので
数種類を酒蒸しにしてキープ

保存期間
冷蔵庫で
3〜4日間

材料 作りやすい分量

しめじ 大1パック
まいたけ 1パック
しいたけ 6個
A[酒 大さじ2
  塩 小さじ⅓

─── ポイント ───

きのこ類はカルシウムの吸収を助ける
ビタミンDや、腸内環境を整える食物
繊維などを含む頼りになる食材ですが、
傷みやすいのが難点。数種類を合わせ
て酒蒸しにしておくと持ちがよく、ま
たうまみも増して便利です。

作り方

1 しめじは根元を切ってほぐし、まいたけ
  もほぐす。しいたけは薄切りにする。
2 フライパンに1とAを加え、ふたをして
  中火にかける。ぴちぴちと音がしてきたら、
  ときどき混ぜながら2〜3分蒸し焼きにす
  る。

ゆずの
しぼり汁を加えた
大根おろしとともに
箸休め的な一皿

きのこのおろしあえ

材料 2人分

酒蒸しきのこ 150g
大根 5cm
A[ゆずのしぼり汁（または酢）
  小さじ2
  しょうゆ 小さじ1]

作り方

1 大根は皮付のまますりおろし、
  水けをきる。
2 ボウルに1を入れ、Aと酒蒸し
  きのこを加えてあえる。

とろろ昆布と
きのこのうまみ。
だし汁いらず、
湯を注ぐだけ

きのこのとろろ昆布汁

材料 2人分

酒蒸しきのこ 100g
とろろ昆布 5g
梅干し 2個
青ねぎ 少々
しょうゆ 少々

作り方

1 お椀に酒蒸しきのこ、と
  ろろ昆布、梅干しを等分
  して入れる。
2 熱湯を150mℓずつ加え、
  しょうゆと小口切りにし
  た青ねぎを入れる。

藤井 恵 ふじい・めぐみ

料理研究家、管理栄養士。神奈川県生まれ。女子栄養大学栄養学部卒業。料理番組のアシスタントを経て、雑誌、書籍、テレビなどで幅広く活躍する。栄養バランスを考慮しながら、かんたんで誰にでもおいしく作れるレシピで人気。著書に『藤井恵さんの体にいいごはん献立』『藤井弁当　お弁当はワンパターンでいい！』(共に学研プラス)、『藤井恵の腹凹ごはん』(日経BP) など多数。

ブックデザイン　河村かおり(yd)
撮影　山本　遼(本社写真部)
スタイリング　久保百合子
編集協力　内田いつ子

藤井 恵さんの むずかしくないお魚レシピ
2021年3月16日　第1刷発行

著　者　藤井 恵
発行者　鈴木章一
発行所　株式会社講談社
　　　　〒112-8001　東京都文京区音羽2-12-21
　　　　販　売　TEL 03-5395-3606
　　　　業　務　TEL 03-5395-3615
編　集　株式会社講談社エディトリアル
代　表　堺　公江
　　　　〒112-0013　東京都文京区音羽1-17-18　護国寺SIAビル6F
　　　　編集部　TEL 03-5319-2171
印刷所　大日本印刷株式会社
製本所　大口製本印刷株式会社

©Megumi Fujii 2021, Printed in Japan
ISBN978-4-06-522698-8